INSCRIPTIONS, EMBLEMES, ET

DEVISES, MISES ES PORTES de la ville de Reims, à la bien-heureuse Arriuée que Madame ANNE D'AVSTRICHE Royne de France & de Nauarre, y a faict le 6. Octobre 1620.

A REIMS.
Chez NICOLAS CONSTANT, Imprimeur ordinaire du Roy.
Et FRANÇOIS BERNARD, Imprimeur en l'Vniuersité.

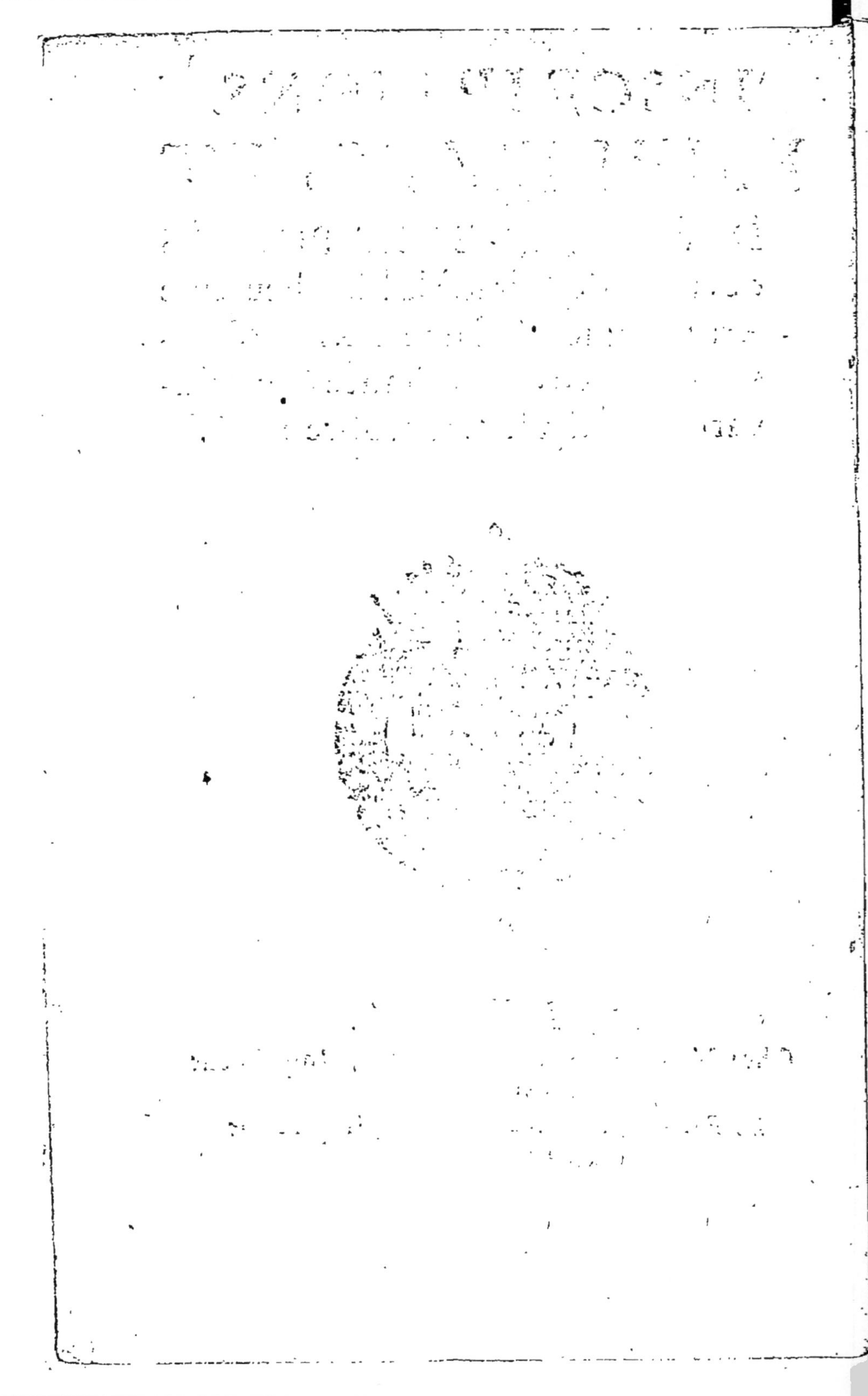

INSCRIPTIONS, EMBLEMES, ET

DEVISES, MISES ES PORTES DE la ville de Reims, à la bien-heureuse Arriuée que Madame ANNE D'AVSTRICHE *Royne de France & de Nauarre, y a faict le 6. Octobre 1620.*

EVPLES FRANÇOIS, qui desireux de plaire à vostre ROY, joignez l'excés de voz affections à l'excessiue amour qu'il porte à la ROYNE sa chere Espouse, la plus aimable Princesse qui soit en l'Vniuers:

Reuocate animos, mæstúmque timorem
Mittite.——————

Et ne vous figurez plus l'extréme danger où nagueres estoit reduite la vie de ceste mesme Princesse, rare amas de Beautez, vray sejour des Graces, & l'vnique abbregé de toutes les Vertus. Faictes que voz ennuis facent place à la joye : puis qu'en fin la rigueur de la maladie a ceddé a la guarison, & que les Vœux que ceste bonne Princesse a offert auec tant d'ardeur à DIEV durant l'excés de son indisposition, ont esté autant agreables à sa Bonté diuine, que vous auez eu de suject à le desirer. Ceste Royne des François jugeant bien que la Royne des Anges auoit esté la mediatrice de ce grand benefice reçeu, elle luy en a depuis peu de jours rendu le remerciement en l'Eglise de Liesse, Louure de ceste Imperatrice des Cieux, où les merueilles du grand credit qu'elle a auprés de nostre DIEV, se rendent journellement autant tesmoignées enuers ses seruiteurs, qu'elles sont ignorées de ceux qui en negligent la recherche. Le retour de ce pieux voyage de Liesse s'est faict en reprenāt chemin par la belle & antique ville de REIMS, œil de la Champaigne, sejour des Muses, & la retraicte de la mesme Valeur. Là, du costé de Septentrion y a vne Porte qui depuis grand nombre de siecles porte le nom de celuy que les Anciens disoient estre le Dieu des batailles : Ce nom, plus propre à nostre grand LOVYS qu'à tels Dieux inuentez à plaisir, semble auoir incité quelque sage Genie à conduire ceste Princesse par ceste Porte plustost que par vne autre : cōme soubs vn Arch triomphal que l'Antiquité auroit dressé par aduāce à la Valeur de son Espoux. Aussi tient-on que les sages Druides, Oracles de noz Peres, ont autrefois predit la merueille de ses armes auec autant de certitude, qu'il y a d'estõnemẽt à en voir naistre les effects. Or tout ce que l'artiffice à peu apporter d'ẽbelissement en ceste Porte, pour le peu de temps qu'il y auoit d'en faire la recherche, y a esté employé, non auec moins de diligence, que Messieurs les Lieutenant & Gens du Conseil de ladicte Ville ont eu de passion a le cõmãder. Les deux Porteries donc de ceste Porte, estoient richement ornées d'vne infinité de beaux Ouurages de peinture tous perçez à jour, autant artistement elabourez par le pinceau, que subtillemẽt suspenduz en l'air cõtre les façades de ces Porteries. Outre vne infinité d'Armoiries & Chriffres de la Royne dorez & corõnez, Victoires ailées, Camayeux, Festons naturelz, Pentes de fleurettes & fruicts, Palmes & Lauriers, on y voyoit encore plusieurs grands Emblemes representez dans des cartoches, Deuises, & Inscriptiõs tant en vers qu'en prose, qui seruoient de principal relief à tous les autres ornements. Et pour en dire mieux le project : Chacun sçait que la Royne est née dãs l'Espagne, fille du Roy du mesme païs, païs qui contient dans soy entre plusieurs terres, le Royaume de Grenade: Que ceste grãde Princesse porte (cõme les autres Princes du ſang dont elle eſt née)au bas de ſes Armes eſcar-tellées,celles du meſme Royaume de Grenade: qui ſont vne Pomme de Grenade blaſonnée de gueulle, à queüe de ſinople, ſur vn champ d'ar-gent. Et que ce Fruict eſt d'vne eſpece ſi rare, que outre la bonté de ſon ſuc, ſa partie de haut eſt plaiſamment formée ainſi qu'vne coronne: comme ſi la Nature eſtabliſſoit ce beau Fruict pour eſtre Roy des autres fruicts. C'eſt pour-quoy l'Inuenteur & Deſignateur de tous leſ-dictes Peintures & Emblemes, Autheur de tous les Vers & Inſcriptions ſuſdictes & de ce petit Diſcours, à pris occaſion de donner pour prin-cipal Symbole à la ROYNE, vn jeune Plant de Grenadier, chargé d'vne ſeule Pomme de ſon eſpece, coronnée d'vne coronne Fran-çoiſe, outre ſa naturelle. Or ce beau Plant ainſi doublement coronné, eſtoit artiſtement repre-ſenté d'vn entier relief de trois pieds de hau-teur, tant plant, fruict, que coronnes: le tout orné de couleurs naturelles.

Il eſtoit poſé ſur vne petite goute de pierre qui couure l'arcade de la premiere des deux Por-teries cy-deuant remarquées. Et au deſſouz y auoit vn grand Eſcriteau qui formoit comme vne longue phriſe au deſſus de ladicte arcade, où en faueur de ce Plant eſtoit eſcrit en gros caracteres.

NON DEFLVIT FOLIVM EX EO : ET NON DEFICIET FRVCTVS EIVS. Ezech. 47.

Au deux coſtez de ceſte premiere Porterie eſtoient poſez deux grands Emblemes, repreſentez (comme tous les autres) en couleurs naturelles.

Le premier Embleme, qui eſtoit celuy du coſté dextre.

C'ESTOIT ce jeune Plant de Grenade auec ſa Pomme doublemẽt corõnée, qui y eſtoit ſeul repreſenté en bas ſur vne terraſſe. Et dãs vn Ciel naturel qui eſtoit au deſſus, on y voyoit vn grãd Soleil fort lumineux, ẽuirõné de Fleurs de lis de Frãce, qui regardãt attentiuemẽt ce beau Plãt, panchoit ſes yeux en bas pour le fauoriſer de ſes rais, & le voir plus à ſon aiſe comme y prenant plaiſir. Proche du fruict de ce meſme Plant, ces deux mots y eſtoient eſcrits.

VNVM, VNI.

Audeſſouz de l'Embleme ſuſdict, y auoit vn grand cartoche ou ces Vers ſe voyoient.

SIZAIN.

LE Soleil des Frãçois vnique en sa lumiere,
A choisy pour object de sa flamme premiere,
Ce Fruict vnique aussi qui n'a point de pareil.
Mais quelque jour la graine en sera si fecõde,
Souz la faueur des rais de ce puissant Soleil,
Qu'on en verra des Plants par tous les coings
du Monde.

Le second Embleme, qui estoit au costé senestre.

C'ESTOIT le mesme Plant, qui estoit plaisammẽt joinct & lié auec le beau Tige d'vn Lis naturel, par vn riban de soye dont les replis estoient formez en nœud d'Amour. Ce beau Tige n'auoit qu'vne seule Fleur, non plus que ce beau Plant vne seule Pomme. Ilz estoient l'vn & l'autre coronnez de coronnes Royalles, & arrosez d'vne eau toute perlée comme vne eau de rosée, qui degoutoit d'vn riche Vase d'or, tenu & panché par vne puissante Main qui sortoit d'vn Ciel. Dans les deux bouts de ce riban, qui s'estendans esgallement voletoient en l'air, on y lisoit le bon-heur de ces deux Plants en ces mots.

NON MARCESCENT.

Ce peu

Ce peu de parolles estoit suiuy des Vers suiuants, qui estoient escrits dans vn autre grand cartoche posé au dessouz dudict Embleme.

SIZAIN.

LE Temps ne peut flestrir ces deux Plants admirables,
Le Ciel leur a versé des graces perdurables,
Pour produire à jamais des Fleurõs precieux.
Et dautant qu'vn beau Plant merite vn beau parterre:
Ces deux-cy pour le leur aurõt toute la Terre,
Mais l'odeur de leurs Fleurs montera jusqu'aux Cieux.

A la seconde Porterie qui tire du costé de la Ville, y auoit aussi deux grãds Emblemes pareillemẽt peints en couleurs naturelles, dont les diuerses inuentions se cõtinuoient tousiours sur le mesme Symbole du Plant de Grenade.

Le premier de ces deux Emblemes, qui estoit à costé dextre.

C'ESTOIT vn jeune Hercule, qui outre la peau de Lion qui luy seruoit d'vn manteau à l'antique, retroussée sur l'espaule droite, estoit encores au dessous reuestu d'vn petit habit azuré tout parsemé de Fleurs de Lis d'or. Il visitoit le Iardin de Hesperides (ancien verger de l'Espagne) auec vne action toute paisible : puis qu'il estoit appuyé sur sa Masse comme se reposant, & panché doucement en bas pour remarquer de plus prés la Pomme du beau Plant de Grenade, dont les seules beautez attiroient ses desirs plus que celles de tous les autres Plants ensemble. Pour le tesmoigner dauantage, il disoit en vn roulleau qui naissoit d'auprés de luy.

VNE SEVLE M'ATTIRE.

Au dessouz de ce premier Embleme, ces Vers estoient escrits dans vn cartoche.

SIZAIN.

POur bannir à jamais loin de nous la Discorde,
Nostre Hercule guidé d'vn esprit de concorde,
Visita tous les Plants de ce Clos estranger.
Mais si tost que son œil eut reçeu des atteintes
Des beautez de ce Plant le plus beau du Verger,
Son Cœur en fut tout ards, & noz Guerres esteintes.

Le ſecond Embleme qui eſtoit au coſté ſeneſtre.

C'ESTOIT le meſme Plant, qui ſe voyoit tranſplanté dans vn grãd Verger tout parſemé de Lis naturels. Il eſtoit à l'abry d'vn beau Tige de Lis plus grand que tous les autres, & dont les belles fueilles a demy panchés vers ce jeune Grenadier, ſembloient le tenir à couuert des vents. Le pur & chaſte Amour (qui à vne perpetuelle guerre contre le faux Garçon qui mal a propos emprunte ſon nom) fut l'vnique Iardinier qui tranſplãta ſi heureuſement ce beau Plant dans le Verger des Lis. Auſſi y eſtoit-il repreſenté auprés du Grenadier, ayant en main vne beſche de jardinier, au lieu de ſon Arc & de ſes traicts qu'il auoit poſez au pied de ce meſme Plant. Il tenoit vn genoüil en terre, comme ſ'il euſt faict hõmage à ce jeune Grenadier: & ſembloit aduoüer par telle action, qu'il en recognoiſſoit les beautez eſtre plus puiſſantes que ſes armes. Or ce digne Plant ſ'esjoüiſſant en l'heur de ſa condition, ſembloit aſſez l'aduoüer en ce qui eſtoit eſcrit dãs vn roulleau qui naiſſoit d'entre ſes fueilles. C'eſtoit ce peu de mots.

YO NO *QVIERO MAS.*

Dans vn cartoche qui paroissoit au dessouz de l'Embleme cy-deuant remarqué, on y lisoit les Vers que voicy.

SIZAIN.

CE Plãt que nostre Hercule a tiré d'Hesperie,
Verra de noz François son espece cherie,
Puis qu'Amour l'a planté parmy noz Fleurs de Lis.
Aussi ce Plant tient il son planter fauorable:
Car voyant de noz Fleurs ses rameaux embellis,
Pouuoit-il desirer vn bien plus desirable?

ENTRE plusieurs beaux ornemens qui se trouuoient en ceste seconde Porterie, les Armes de la ville de Reims qui y estoiẽt posées, sembloient remporter le dessus sur toutes les autres pieces ensemble: non tant pour leur illustre antiquité, que pour l'heureuse interpretatiõ qui s'est rencontrée sur leurs belles figures & blasons, en faueur de la ROYNE. Ces Armes ont donc en leur partie plus haute, vne large bande d'azur parsemée de Fleurs de Lis d'or sãs nõbre: cõme durãt quelques siecles passez les ãciennes

Armes de Frãce les ont eu auſſi ſans nombre au total de leur Eſcu. Tout le reſte de l'Eſcuſſon qui eſt au deſſouz de ceſte bande d'azur parſemée de Lis, eſt vn champ d'argent, chargé de deux grands Rinceaux ou branche d'Oliuier entre-laſſées enſemble, abondãtes en vne infinité d'Oliues, vrais Symboles de Paix & de Felicité. Ces Rinceaux & leurs Fruicts ſont blaſonnez de ſinople, (qui eſt le vert) marque aſſeurée de leur durée. L'humble preſent que tout le Peuple Remois à faict à la ROYNE, de ſon Amour & de ſes volontez, comme a l'Eſpouſe de ſon Roy, ſ'eſt fait voir en l'offre qu'elle luy à fait de ſes Armes, aſſeurez Augures du bon-heur futur de ceſte grande Princeſſe. Ce deuoir ſ'eſt rendu par l'organe de ces Vers, qui eſtoient eſcrits dans vn grand quadre poſé au deſſouz des ſuſdictes Armes.

STANCES.

ROYNE *vnique en Beauté, dont le Ciel veut eſtendre*
Le nom de tous coſtez.
Arreſtez vous (de grace) & vous pourrez entendre
Des grandes nouveautez.
Voyez ceſt Eſcuſſon: c'eſt la figure &

l'ombre
De vostre sort heureux.
Son grand nombre de Lis, vous promet vn grand nombre
De beaux Filz genereux.
Son paisible Oliuier predit vostre Hymenée
Plein de Felicité.
Et son Fruict infiny ne la promet bornée
Que de l'Infinité.
Puis que ce digne Escu dans ses traicts represente
Vostre sort plus certain.
Reims aimant vostre gloire, humble vous le presente
De la part du Destin.
Elle vo⁹ offre aussi son Amour, qu'elle pose
Aux pieds de voz Beautez.
„Acceptez-le aussi donc: car ce n'est peu de chose
„Que l'Amour des Citez.

„DAVTANT que les Peuples participent au
„bon-heur ou mal-heur qui suit les bon-
„nes ou mauuaises actions de leurs Princes : les
Remois, par toutes les demonstrations dont ils
se sont peu aduiser, ont desiré (& desireront à jamais) tesmoigner à la ROYNE combien ilz parti-
cipēt au bon-heur qui accompagne la droicture
des siennes, cōme produictes par la meilleure &
plus religieuse Princesse qui soit en l'Vniuers.
Cest pourquoy, pour preuue de ceste verité, on
auoit au nom de leur Ville escrit en grosses
lettres dans le piedestal qui portoit le grand
quadre des Stances precedentes, ces parolles sa-
crées.

IN BONIS IVSTORVM
EXVLTABIT CIVITAS
Prouerb. 11.

La partie de derriere de ceste seconde Porterie qui est dedans la Ville, estoit veuë du Peuple lors qu'il sortoit aux champs. Là il y auoit
vn seul Embleme, expressémēt faict sur vn autre
suject que les precedens: tant à raison qu'il estoit
posé en vn lieu assez loin des autres, que pour
diuersifier dauantage les inuentions.

Ce dernier Embleme paroiſſoit tel.

C'ESTOIT deux Globles terreſtres, marquez des cercles & degrez neceſſaires à cognoiſtre la diuerſité des climats qui y eſtoient tracez. L'vn eſtoit poſé ſur vn tapis de couleur azurée tout parſemé de Lis : & l'autre ſur vn tapis de couleur incarnadine, tout enrichy de petits Chaſteaux & Lions entremeſlez. Sur ces deux Globes, l'on y voyoit les deſcriptions geographiques des deux plus puiſſants Royaumes de la Chreſtienté, qui ſe remarquoient aſſez par leurs figures & par les couleurs de leurs tapis. Ces meſmes Globes eſtoient conjoincts enſemble, par le moyen d'vne grande branche d'Oliuier qui les enuironnoit : & au deſſus d'eux on voyoit dans vn Ciel naturel vn grand Soleil & vne grande Lune, ornez de coronnes Royalles : qui regardans en bas, les fauoriſoiẽt de leurs rais conjointement enſemble. Auprés de ces deux Globes, il y auoit vn roulleau où ſe liſoient ces mots.

ÆTERNO FOEDERE IVNCTI.

Et au bas du meſme Embleme, ces Vers eſtoiẽt ſuſpendus dans vn cartoche.

SIZAIN.

BEAUX Astres coronnez, Flambeaux inestimables,
Qui ne monstrez jamais que des rayons aimables,
Vostre plaisant regard chasse noz desplaisirs.
Que la Paix en tous lieux tous deux vous accompagne !
Puis qu'en joignant d'Amour voz rais & voz desirs,
Vous joignez d'Amitié la France auec l'Espagne.

Quād on sort de la rue de la Porte susdite pour entrer en la grande place du Marché aux Cheuaux, l'on à pour object en ligne toute droicte l'vn des deux Ormeaux qui embellissent de leur verdure l'entrée du Palais Royal : Theatre du bien-dire, Azile des bons, & la plus certaine demeure de la grande Themis. Et dautant que la ROYNE passa au pied de cest Arbre : & que „ le Ciel, par vn acte extraordinaire, anime quel-„ quefois en la faueur des Grands les choses les „ plus inanimées. C'est pourquoy cest Ormeau (aprés vn branslement de ses fueilles, comme si quelque Vent l'eust agité) se vit aussi tost en la faueur de la ROYNE, animé de certaines paroles prophetiques qu'il portoit escrites dans vn cartoche suspendu au bas de ses branches, en la forme qu'elles sont cy dessouz.

SONNET.

ANNE, on ne va plus en Dodone
Pour oüir ses Arbres parler:
Dans moy le Ciel à faict couler
Les mesmes accens qu'il leur donne.

Leur Oracle à moy s'abandonne:
Afin de vous mieux deceller
En quoy vous pourrez exceller,
Ainsi que le Destin l'ordonne.

C'est qu'ayant veu ce beau Sejour,
LOVYS vous rendra quelque jour
Mere d'vn nouuel Alexandre.

Qui vainqueur de cent Roys diuers,
Souz son Sceptre fera descendre
Tous les Sceptres de l'Vniuers.

OR aprés le grand benefice que la ville de Reims à reçeu du Ciel, par la tres-agreable presence du ROY lors qu'il y a pris son Sacre: l'Arriuée de la ROYNE en ceste mesme Ville, est bien le plus grand heur dont les Habitans d'icelle pouuoient estre depuis fauorisez. Aussi en l'vne & en l'autre de ces deux belles Actions (cōme en toutes autres) ont ilz contribué toute la sincerité, & toute la diligence dont le deuoir oblige les bons & fideles Sujects enuers leurs Princes. Que si ces petits efforts de leurs affections peuuent quelque jour estre aduoüez d'auoir esté (tant soit peu) agreables aux yeux de leurs Majestez : ce sera bien le plus grand contentement qu'ilz en souhaitent, & la plus grande gloire qu'ilz en desirent: puis que

„ *Principibus placuisse suis non vltima laus est.*

PAR G. BAVSSONNET, REMOIS.

[illegible]

la [illegible] est une influence dont le ciel a obligé les bons & fidelles Subjets envers leurs Princes. Que si ces petits [illegible] d'[illegible] affections peuvent [illegible] d'[illegible] de leurs Majestez : ce sont bien le plus grand contentement qu'ils en souhaitent, & la plus grande gloire qu'ils en desirent : puis que

Principibus placuisse viris non ultima laus est.

Par G. BAVSSONNET, Rhemois.

www.ingramcontent.com/pod-product-compliance
Ingram Content Group UK Ltd.
Pitfield, Milton Keynes, MK11 3LW, UK
UKHW021029220726
13924UKWH00001B/197

9 782019 951382